PRIX : 2 FRANCS

# ÉTUDE

SUR

# LA COMMUNE MIXTE

DE

# L'AURÈS

PAR

JOSEPH ROLAND

*Administrateur-Adjoint de 1re classe*

BATNA

[IMPRI]MERIE TYPOGRAPHIQUE A. BELIN, RUE DE SÉTIF

1894

# ÉTUDE

SUR

# LA COMMUNE MIXTE

DE

# L'AURÈS



PAR

JOSEPH ROLAND

*Administrateur-Adjoint de 1re classe*

BATNA

IMPRIMERIE TYPOGRAPHIQUE A. BEUN, RUE DE SÉTIF

1894

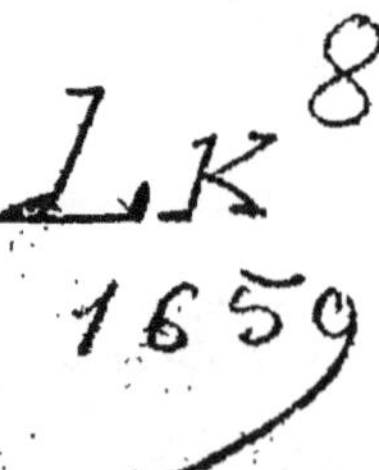

# ÉTUDE

SUR

# LA COMMUNE MIXTE

DE

# L'AURÈS

# *A mes Collègues,*

*Je n'ai pas la prétention de faire une œuvre littéraire : mon désir est de présenter à mes Collègues qui me succèderont dans l'Aurès, un guide qui leur permette de se rendre immédiatement compte des ressources de la commune dans laquelle ils seront appelés à concourir à une œuvre commune :* « La prospérité de la France. »

*Je me bornerai à faire l'historique succint de l'Aurès, en rappelant les diverses insurrections qui y ont motivé l'intervention armée de nos troupes, et je consignerai certains faits particuliers que j'ai recueillis auprès des indigènes de l'époque.*

*Je passerai en revue les douars et les principaux villages en faisant ressortir les richesses du pays, le rendement des impôts, les établissements et travaux en voie d'exécution ; j'indiquerai les forêts, les voies de communication et les cours d'eau qui traversent le territoire de la commune mixte et leur situation topographique, avec le plan à l'appui.*

*J'ai pensé aussi qu'il ne serait pas sans intérêt de donner un aperçu des mœurs et coutumes des Chaouïas de l'Aurès.*

*Tel est le cadre de mon étude.*

*Je dois rendre hommage à la collaboration de M. Gabrielli, secrétaire de la commune mixte, qui m'a été précieuse pour la publication de ce petit travail.*

*Mon but sera atteint, si j'ai pu me rendre utile à mes Collègues et aux fonctionnaires appelés, par leur service, à faire des tournées dans l'Aurès, en facilitant leur mission. A défaut de talent, peut-être me sauront-ils gré de la bonne volonté.*

Joseph ROLAND.

# ÉTUDE

SUR

# LA COMMUNE MIXTE

DE

# L'AURÈS

## CHAPITRE PREMIER

**Observations générales sur la Commune :** Superficie. — Population. — Formation des tribus. — Historique succint des tribus — Mœurs des habitants. — Principales voies de communication. — Cours d'eau. — Forêts. — Commerce — Industrie. — Impôts. — Ruines romaines. — Colonisation.

---

La commune mixte de l'Aurès créée par arrêté de M. le Gouverneur général du 26 décembre 1886, se compose de deux tribus : l'Oued Abdi et les Oulad Daoud.

Sa population, presque exclusivement indigène est, d'après le dernier recensement quinquennal, de 23.944 indigènes et 24 européens pour une superficie d'environ 160.000 hectares.

Le siège de la commune mixte de l'Aurès, fixé par l'arrêté constitutif à Arris, est provisoirement à Lambèse, en attendant la construction d'une installation définitive.

Au point de vue judiciaire, la commune mixte dépend du tribunal de 1re instance et de la justice de paix de Batna.

Les deux tribus de l'Oued Abdi et des Oulad Daoud forment la 35e circonscription judiciaire musulmane dont le siège est le village de Baali, dans l'Oued Abdi. Le service est installé provisoirement à Chir.

Ces deux tribus comportent dix-neuf sections. Les tribus sont bien délimitées, mais les sections ne possèdent pas de division territoriale ; elles représentent une unité de population et non de territoire. C'est-à-dire que dans chaque tribu l'autorité du cheik s'exerce sur tous les individus qui en sont originaires sans tenir compte de leur résidence ou de la situation de leurs biens.

Dès que les travaux d'application du sénatus-consulte, actuellement en cours d'exécution, seront homologués, un remaniement ayant pour but la division territoriale des sections, mettra fin à cette situation anormale.

Il n'est donc pas possible, pour le moment, de donner la composition territoriale des sections; mais on se rendra très facilement compte par le tableau ci-contre de la composition des tribus.

| NOM de LA TRIBU | SECTIONS de LA TRIBU | NOMS DES CHEIKS | DATE de LEUR NOMINATION |
|---|---|---|---|
| Oued Abdi | Oulad Abderrezeg | Hamouta Saddok ben Abdallah | 10 janvier 1891 |
| | Oulad Azzouz | Brik, Mohammed Salah ben Saad | 19 mars 1886 |
| | Oulad Angala | Dehina, Embarek ben Mohammed | 19 avril 1879 |
| | Baali | Mahaya, Si Salah ben Ançor | 17 juin 1889 |
| | Haïdous et Téniet El Abed | Bekri, Mohammed ben El Bekri | 25 février 1867 |
| | Ras ed Draâ | Baghezza, Mohammed ben Ahmed | 14 juillet 1879 |
| | Arb El Oued Abdi | Ben Mohammed Si Brahim bel Kadi | 19 mars 1886 |
| | Taghit Sidi Bel Kheir | Chelif, Si Ali ben Chelifa | 10 octobre 1891 |
| | Nara | Merdas, Mohamed ben Ahmed | 27 février 1893 |
| | Menaâ | Kalla, Mohammed ben Mohammed | 11 avril 1894 |
| | Amentane | Hammouche, Ahmed ben Amar | 29 décembre 1894 |
| | Oum Erkha et Tagoust | Bouzouahel, Ali ben Ahmed | 10 octobre 1891 |
| | Bouzina | Mekemichi, Mohammed ben Ammar | 14 juillet 1877 |
| | Larbaa | Akache, Ahmed ben Saïd | 19 mars 1836 |
| Oulad Daoud | Zehahia | Mihoubi, Saad ben Zerari | 9 décembre 1886 |
| | El Halla et Oulad Smaïl | Benbia, Ali ben Embarek | 9 décembre 1888 |
| | Oulad Ouzza | Benchaiba, Si Messaoud ben Ammar | 22 novembre 1890 |
| | Oulad Takribet | Nouasri, Ahmed ben Brahim | 29 juillet 1885 |
| | Oulad Aïcha et El Haddada | Benaouana, Messaoud ben Ahmed | 5 novembre 1894 |

| DECHERAS DE L'OUED ABDI | | | |
|---|---|---|---|
| Fedj El Cadi<br>Teniet El Abed<br>Haïdous<br>Tizoug Aghine<br>Mezata<br>Oulad Si Abbas<br>Bougaara<br>Baali<br>Tletz<br>Oulad Azzouz | Bouzina<br>Larbaa<br>Oum Erkha<br>El Beïda<br>Tagoust<br>Menaâ<br>Ouerka<br>Ali Ouyahia<br>Oulad Abdelli<br>Oulad Messaoud b. Salah | Oughali<br>Braïs<br>Nara<br>Chalma<br>Chir<br>Ghezal<br>R'Biaa<br>Kherib<br>Nouader<br>Meddour | Taghit<br><br>Medrouna<br>Hallaoua<br>Tiskifine<br>Bouhamar<br>Baiou<br>Bouyeghsène |

| DECHERAS DES OULAD DAOUD | | | |
|---|---|---|---|
| Haddada<br>Guelfen<br>Tighammine<br>Lehaf<br>Taamartz<br>Chiv ou Heboubès<br>Lahalha<br>Tabendout<br>Belioud | Taghrout Amor<br>Khenguet Zidane<br>Dechera El Hamei<br>Boussedah<br><br>Dechera El Beïda<br>Radjou | Arris<br>Nerkeb<br>Hadjedj<br>Bacha<br><br>Mesref<br>Dechera Oulad Moussa | Hammam<br>Moum Toub<br>Medina |

## Historique de la tribu de l'Oued Abdi

Les Oulad Abdi, à part quelques fractions créées par des étrangers alliés aux Berbères, sont aborigènes ; ils descendent des peuplades guerrières désignées par les auteurs latins et grecs sous le nom de Gétules ou Maures et Genètes par les auteurs arabes. Le rôle important joué par ces peuplades dans les grandes guerres qui ont ensanglanté pendant des siècles le Nord de l'Afrique, a été longtemps laissé dans l'ombre.

Depuis la conquête de l'Algérie, et grâce à de savantes recherches, on a pu mettre à jour des faits dont le souvenir était effacé par le temps.

Sous la domination de Carthage, ces peuplades vivaient dans l'indépendance absolue. Il est à présumer que quelques-unes d'entre elles se soumirent à l'autorité de cette république, mais que par suite même du système d'occupation en usage chez les Carthaginois, il leur était facile de s'y soustraire.

Les Lybiens et les Gétules s'unirent pour renverser les Carthaginois. Après la chute de Carthage, Rome eut à lutter contre Jugurtha, roi numide descendant de Massinissa, qui avait levé le drapeau de l'indépendance et fait massacrer tous ses parents dévoués à la puissance romaine. Jugurtha trouva dans les Gétules de nombreux et précieux auxiliaires. Les Romains, contraints par les évènements ou poussés par l'esprit de conquête, fondèrent une colonie dans le nord de l'Afrique.

Sous Tibère, leur marche progressive s'arrêtait à l'Aurès qui ne fut franchi que vers le commencement du II^e^ siècle, époque à laquelle ils se portèrent au-delà de Biskra, jusqu'aux bords de l'Oued Djedi.

Après la mort de César, il y eut un grand soulèvement des populations indigènes. Les gens de l'Aurès et plusieurs autres peuplades gétules parcoururent tout le territoire romain et le pillèrent.

On suppose que l'Aurès était la base d'opérations d'un de leurs chefs, Taiformas, qui soutint contre Rome une guerre acharnée.

C'est à la suite de ces soulèvements continuels que les Romains durent placer une légion à Lambèse. A cette époque, il est vrai que leurs possessions ne s'étendaient pas au-delà ; ce n'est que sous Trajan qu'ils portèrent leurs frontières jusqu'à Biskra.

Sous le règne d'Antonin le Pieux, vers l'an 145, le pays fut troublé par une révolte des Gétules, à laquelle prirent très probablement part les gens de l'Aurès. C'est en réprimant cette révolte que la VI^e^ Légion, venue de Syrie pour renforcer la III^e^ Légion placée à Lambèse, traça à travers le massif Aurasien, une route stratégique qui allait de Lambèse à Tchouda par le défilé de Tiraninime.

Une inscription, encore existante, fut gravée dans ce défilé en souvenir du passage de la Légion. L'Aurès fut dès lors occupé militairement; une colonie Romaine s'installa sous Marc Aurèle et Veras (161 à 169), à Menaâ, sur l'Oued Abdi.

Depuis les guerres du Donastisme jusqu'à l'invasion des Vandales en 428, on ne relève rien de particulier en ce qui concerne l'Aurès.

Ces barbares vinrent en Afrique à la suite de rivalités entre le comte romain Boniface et le général Actius, sous le règne de Placidie, qui avait pris, avec le titre d'Augusta, toute l'autorité de l'Empire romain. Boniface les avait appelés à son aide, pour participer à la lutte contre l'armée romaine que Placidie avait envoyée en Afrique pour le châtier de son refus de se rendre à Rome sur son ordre.

Boniface avait promis à ses alliés de partager avec eux les possessions romaines du nord de l'Afrique, mais les Vandales après avoir vaincu les troupes impériales ne s'arrêtèrent pas aux limites fixées et, se retournant contre Boniface, le battirent à Guelma. Leur chef, Genséric, conclut ensuite avec Valentinien le traité d'Hippône qui cédait au roi Vandale la Mauritanie et la partie occidentale de la Numidie. En 439, Genséric rompit ce traité et, sans déclaration de guerre, s'empara de Carthage.

Les Romains étaient chassés de l'Afrique.

Les Maures apportèrent à Genséric un concours important et dévoué dans ses expéditions ; ils voyaient en lui un libérateur.

D'après les auteurs, l'Afrique jouit pendant un certain temps d'une paix relative, mais à l'avènement de Huneric, qui succéda à son père Genseric, les soulèvements recommencèrent et l'Aurès se déclara indépendant.

En 484, les Vandales battus en brêche par les indigènes et attaqués en même temps par les Bysantins qui cherchaient à reconquérir leurs anciennes possessions romaines d'Afrique, virent leur puissance tomber de jour en jour et, vers l'an 533, l'empereur Justinien leur porta le dernier coup.

Grâce aux succès nombreux des généraux Bélisaire et Salomon, Justinien put reconstituer les provinces romaines, mais après la disparition de Bélisaire, l'insurrection éclata. Un roi de l'Aurès, Yabdas, profita de cette perturbation pour aller avec ses troupes dévaster la Numidie.

Salomon dirigea avec insuccès une expédition pour châtier Yabdas (535). Cinq ans plus tard, il fit une tentative plus heureuse et la prise de Tumar (point non encore déterminé) lui permit de franchir les défilés de l'Aurès.

Les Byzantins purent exercer leur autorité sur tout le pays occupé autrefois par les Romains, mais les révoltes continuelles dues à la mauvaise administration des gouverneurs ne tardèrent pas à amener leur chûte. Le patrice Grégoire, après la mort de l'exarque Héraclus, s'empara du pouvoir, s'allia aux Maures et se déclara indépendant. Mais le règne de ce dernier ne dura pas longtemps.

Ayant voulu s'opposer à une incursion des Arabes, dans la Tripolitaine, il fut battu par ces derniers et l'Afrique devint une dépendance du Kalife. Son gouvernement fut confié à Okba ben Nafi qui, au retour d'une expédition dans le Maghreb, fut attaqué et mis à mort à Tehouda par des Berbères révoltés, à la tête desquels s'était placé un nommé Kocéila, dont l'autorité fut reconnue par les Berbères.

Dans une nouvelle expédition, où les Arabes prirent leur revanche, Kocéila fut tué à son tour par les Berbères dispersés, mais les vainqueurs ne profitèrent pas de leur victoire.

A dater de ce moment, l'anarchie la plus complète régna dans la Berberie. Les Arabes revinrent à la charge et les troupes bysantines réduites, regagnèrent Constantinople, abandonnant pour toujours leur colonie d'Afrique.

C'est à cette époque (697) qu'une femme d'une rare énergie fait son apparition. La Kahena, qu'on s'est plu à appeler la « Jeanne d'Arc berbère », originaire de l'Aurès, avait acquis une très grande influence sur toutes les populations aurasiennes. On lui attribuait une grande puissance de divination.

A l'approche des Arabes, vainqueurs des Byzantins, La Kahena qui, à la mort de Kocéila s'était enfermée dans les montagnes de l'Aurès avec les débris de son armée, appela aux armes toutes les tribus, se porta à leur tête au-devant de l'ennemi et l'attaqua dans la plaine de la Meskiana. Après une lutte longue et sanglante, l'avantage resta du côté des Berbères.

A la suite de cette victoire, l'autorité de La Kahena devint prépondérante dans le Maghreb, mais par crainte d'une nouvelle invasion, la reine de l'Aurès prit des mesures qui n'étaient pas faites pour lui concilier les sympathies des populations.

Elle dévasta la contrée que pouvait parcourir l'ennemi, ruinant ainsi un grand nombre de propriétaires dont la patriotisme n'allait pas jusque là. Aussi, quand six ans plus tard les Arabes reparurent pour recommencer leur conquête, La Kahena ne réussit à mettre sur pied qu'un très faible contingent de partisans. Trahie par un jeune arabe nommé Khaled, qu'elle avait adopté, elle succomba après une lutte acharnée. On suppose que ce dernier combat pour l'indépendance berbère, eut lieu dans l'Aurès. Les tribus indigènes de l'Est firent leur soumission et aidèrent les Arabes à achever leur conquête.

Les Turcs n'ont jamais occupé militairement l'Oued Abdi ; ils n'ont fait que traverser la tribu pour se rendre à Biskra.

De tous temps l'Aurès fut le refuge des insoumis. Après la prise de Constantine, Ahmed Bey vint s'y installer; l'ancien khalifa de l'émir Abdel-Kader, Si Ahmed bel Hadj, vint également s'y cacher.

Lorsqu'en 1837, les Français prirent Constantine, la tribu des Oulad Abdi était divisée en deux cheikats, sous l'autorité d'un des membres de la grande famille des Oulad Belkassem des Achèches, Mohammed ben El Arbi. Ce fut lui qui envoya son fils Taïeb faire sa soumission au général de Négrier.

Mohammed ben El Arbi, d'un âge déjà très avancé, n'avait plus l'énergie nécessaire pour faire respecter son autorité.

Le Gouvernement français profita d'un voyage de Si Mohammed ben El Arbi à la Mecque pour démembrer le commandement de l'Aurès et former plusieurs caïdats qui furent donnés aux membres de sa famille. Si M'Ahmed bel Abbès fut nommé caïd des Oulad Abdi et des Ouled Zian.

En 1845, une colonne commandée par le colonel Bedeau parcourut tout le massif de l'Aurès pour le soumettre, entra par Foum Toub dans la vallée de l'Oued Taga; elle remonta cette rivière, passa par la vallée de l'Oued Abdi, brûla les villages de Haïdous et de Teniet El Abed qui donnaient asile, depuis 1837, à Ahmed Bey. La colonne remontant ensuite l'Oued El Abiod jusqu'à Médina, surprit et défit à Bou Hamama tous les contingents des Beni Bou Slimane et de l'Ahmar Khaddou.

A partir de ce moment (août 1845), l'autorité française était reconnue dans l'Aurès, mais, depuis, plusieurs soulèvements se sont produits.

D'après les dires des anciens de la tribu, ces insurrections seraient bien plutôt dûes à la mauvaise administration de certains chefs qui les pressuraient de toutes façons, qu'à une tendance naturelle des indigènes à la révolte; mais il y a lieu d'apporter une certaine réserve dans ces appréciations et de croire que leur fanatisme les poussant à la haine du chrétien, n'y était pas complètement étranger.

En 1848, après les opérations dans la province de Constantine, le colonel Canrobert, commandant la subdivision de Batna, après avoir parcouru le Belezma et le Hodna, s'était engagé, au Sud, dans le djebel Aurès où le drapeau français ne s'était pas montré depuis trois ans, aussi les montagnards inclinaient-ils de plus en plus à l'indépendance. La colonne se composait d'environ 3.000 hommes. Parmi les populations surprises, les unes avaient fait leur soumission, les autres évacuaient leurs décheras en hâte, essayant de s'échapper par le Sud dans le Zab.

Averti qu'au nombre des émigrants se trouvait l'ancien Bey de Constantine, Ahmed, le colonel Canrobert se hâta de faire occuper par le chef d'escadron de Saint-Germain, commandant supérieur de Biskra, les débouchés méridionaux de l'Aurès et se mit lui-même à la poursuite du fugitif. Le 5 juin 1848, cerné de tous côtés : au Nord par la colonne de Batna; au Sud par les goums du commandant de Saint-Germain; un peu partout par les Kabyles, qui voulaient se faire pardonner leur insoumission, Ahmed Bey écrivit au colonel Canrobert pour lui demander l'aman, et sans même attendre l'effet de sa lettre, il se remit entre les mains du commandant de Saint-Germain, plus rapproché de lui, imitant ainsi Abdelkader qui, ayant voulu se rendre à Lamoricière, avait rencontré d'abord le colonel Montauban.

Ce fut à Biskra, deux jours après, que le colonel Canrobert reçut la soumission du personnage considérable qui, depuis onze ans passés, ne laissait pas d'avoir encore des partisans secrets dans Constantine et d'exercer une influence réelle dans l'Aurès.

La soumission de l'ancien Bey était sincère. Las des aventures, fatigué des privations, il obtint d'achever paisiblement, dans Alger même, une vie déjà longue et longtemps tourmentée.

En 1849, les Oulad Abdi, sous la conduite de Bouzian, attaquèrent la Smala de Si M'Ahmed ben Abbés, campée à l'Oued Taga.

Les Ouled Zian, accourus au secours de leur caïd, dispersèrent les révoltés et cette mutinerie n'eut pas d'autre suite.

Mais, un peu plus tard, en 1850, après la prise mémorable de Zaatcha, le foyer de l'insurrection venait de s'éteindre dans le sang; mais le feu qui, pendant la longue fureur de l'incendie, avait gagné l'Aurès, couvait encore dans quelques recoins de ses étroites vallées.

Le 27 janvier, le colonel Canrobert entra dans l'Aurès et commença de descendre la vallée de l'Oued Adbi. Jusque là, tout alla assez bien ; les villages, sans beaucoup d'empressement d'ailleurs, apportèrent leur témoignage de soumission, en paroles un peu plus qu'en argent. Mais les gens de Nara refusèrent nettement argent et paroles. Le colonel, à cause de la saison rigoureuse, inclinait à renvoyer au printemps le châtiment de ces réfractaires, quand leur insolence lui fit une obligation de ne plus attendre.

Nara était un ensemble de trois villages bâtis sur les rives escarpées d'un petit affluent de l'Oued Abdi. Le plus important couronnait un rocher isolé, à soixante mètres environ au-dessus du ravin.

On n'y pouvait accéder que par des degrés entaillés dans le roc et tous les abords étaient commandés par des tours solidement construites. Il existe, encore aujourd'hui, quelques vestiges de ces repaires dans le Djebel Lekal. Tous les indépendants, les fanatiques de la montagne, s'y étaient donné rendez-vous.

Déjà, au mois d'avril de l'année précédente,

une expédition avait été dirigée contre Nara par le colonel Carbuccia, mais elle s'était réduite à la destruction d'un de ses villages inférieurs et au jet de quelques obus dans celui qui pouvait passer pour être la citadelle. Bref, les montagnards en avaient tiré plutôt un motif de gloire qu'un conseil de modération et de prudence.

D'après le plan du colonel Canrobert, Nara devait être attaqué directement par deux colonnes et tourné par la troisième. L'exécution de ce plan commença le 4 janvier 1856. Les colonnes d'attaque avaient respectivement pour chefs les commandants Bras-de-Fer et Lavarande; c'était avec la première que s'était réservé de marcher le colonel Canrobert. La colonne tournante était sous les ordres du colonel Carbuccia. Celle-ci, ayant prononcé son mouvement et gagné les derrières de l'ennemi, l'affaire s'engagea le 6 au point du jour, elle fut achevée en moins de deux heures.

Des défenseurs de Nara, cernés de toutes parts, il n'échappa à la cavalerie, qui s'était lancée à leur poursuite, qu'un petit nombre de fugitifs. Les trois villages furent complètement détruits.

Après la ruine de Zaatcha, celle de Nara porta le dernier coup aux derniers fauteurs d'insurrection dans le sud. L'Aurès pouvait être considéré comme pacifié; tel n'était pas et ne devait pas être de longtemps encore l'état de cette région.

En effet, en 1859, quelques fractions de la tribu de l'Oued Abdi se sont ralliées aux partisans de Si Saddok ; mais cette révolte fut vite réprimée et dès la prise d'El Ksar, les gens de l'Oued Abdi demandèrent l'aman.

En 1879, les Oulad Abdi ne prirent aucune part directe à l'insurrection des Oulad Daoud. Néanmoins, il est certain que de nombreux Abdaouïs assistèrent à la prise du bordj de l'Oued Taga. On attribue même le meurtre de Si Hassein Bel Abbès, fils du caïd, à un indigène de Chir qui avait, dit-on, une vengeance personnelle à satisfaire. Des témoins oculaires affirment que lors de l'attaque du bordj, le chérif Ben Djerallah avait conjuré ses partisans de laisser la vie sauve au fils de Si M' Ahmed. Le véritable assassin de Si Hassein fut, d'ailleurs, traqué dans le pays, et ce n'est qu'après avoir bravé de la façon la plus ironique tous les cheiks lancés à sa poursuite et le caïd lui-même qu'il fut pris. On le mutila horriblement et il fut étranglé à Bouzina dans un silos.

Depuis, l'Oued Abdi est rentré dans le calme. Les populations laborieuses se livrent sans crainte à leurs travaux agricoles ; elles ont compris que nous voulions leur tranquilité et leur bien-être.

## Historique de la tribu des Oulad Daoud

L'histoire des Oulad Daoud se trouve intimement liée à celle des Oulad Abdi. Leur point de départ commun est le Djebel Lazerek : ils formèrent deux groupes ; l'un remonta la vallée de l'Oued Abdi et l'autre se dirigea sur l'Oued El-Abiod. C'est ce dernier groupe qui forma la tribu des Oulad Daoud. Ceux-ci s'établirent d'abord dans le cours inférieur de la rivière depuis Tiraminine jusqu'à Arris, puis gagnèrent pied à pied sur les Beni Oudjana tout le territoire compris de la Déchera El Hadjedj jusqu'aux contreforts de Chelia.

Mais, jusqu'à notre arrivée, ils ne purent occuper ce territoire d'une façon positive ; ils eurent sans cesse à lutter contre les Beni Oudjana au Nord et les Beni Bou Slimane à l'Est et au Sud ; le terrain passa tour à tour entre les mains du plus fort.

Les Oulad Daoud luttèrent également contre leurs anciens frères de l'Oued Abdi qu'ils voulurent supplanter ; mais leurs efforts furent infructueux : ils ne purent réussir à franchir la passe de Baâli ni les autres points de passage entre les deux vallées.

Ces guerres de tribus à tribus créèrent des rivalités sourdes qui ne sont pas encore complètement apaisées. Les Oulad Daoud et les Oulad Abdi se tiennent complètement à l'écart et n'ont encore que des relations forcées ; cette situation disparaîtra complètement quand les uns et les autres seront bien pénétrés de leurs droits respectifs.

Malgré leur résistance rigoureuse, les Oulad Daoud devinrent tributaires des Turcs et formèrent, avec les tribus voisines, un cheikhat appelé Cheikhat de l'Aurès, sous l'autorité de Mohammed Larbi, membre très influent d'une famille des Achèches. Mais on peut affirmer que jamais aucun soldat de la régence ne foula leur sol. Les Turcs n'obtinrent pas de passer à travers la tribu pour descendre vers le Sahara.

En 1845, en même temps que les Oulad Abdi, les Oulad Daoud firent leur soumission à la France.

Leur tribu fut érigée en caïdat indépendant dont le titulaire a été Si Bou Diaf, fils de Mohammed Larbi, l'ex-cheik de l'Aurès sous la domination turque.

La part prise par les Oulad Daoud dans les différents soulèvements qui agitèrent le pays pendant quarante ans aurait dû nous faire prévoir que leur calme serait de courte durée.

En 1849, ils s'allièrent aux insurgés des Zibans et leur révolte fut vite réprimée.

Dix ans plus tard, ils se joignirent avec les Oulad Abdi, aux partisans de Si Saddok et se rendirent à la même époque, après la prise d'El-Ksar.

Les Oulad Daoud ne prirent aucune part à l'insurrection de 1871 et l'on avait le droit de supposer, après les répressions sévères infligées aux tribus révoltées, que notre domination sur les indigènes était tout à fait consolidée. Mais leur esprit fanatique n'avait rien perdu de son irrésistible empire.

En 1879, un nommé Mohammed Ben Abderrahmane, dit Ben Djerallah ou Bou Berma, originaire des Beni Bou Slimane, de Biskra, à la tête de quelques partisans recrutés dans les Oulad Daoud, alla assassiner le caïd Si Mustapha ben Bachtarzi, à Tkout, puis revint à Médina attaquer un lieutenant du bureau arabe campé sur ce point avec les trois caïds du Cercle. Le caïd Si Bou Diaf fut tué ; l'officier du bureau arabe s'échappa miraculeusement. Pendant la nuit du 5 au 6 juin, les insurgés, ayant toujours à leur tête le chérif, se rendirent à l'Oued Taga, attaquèrent le bordj du caïd Si M'hamed ben Abbès et tuèrent son fils Si El Hassein.

Après cette série d'assassinats, toute la tribu des Oulad Daoud se souleva et marcha à la suite du chérif. Trois colonnes, parties simultanément de Batna, Biskra et Khenchela cernèrent les insurgés et les réduisirent rapidement à demander l'aman. Le désarmement fut ordonné et une contribution de guerre de 207,161 fr. fut frappée sur la tribu.

Depuis, les Oulad Daoud ont enfin compris qu'il était plus sage de vivre paisiblement.

---

## Mœurs et Coutumes des Chaouïas de l'Aurès

Toutes les fractions de l'Oued Abdi sont sédentaires, sauf deux ou trois du cours supérieur de la rivière, qui se déplacent à l'époque des labours et des moissons pour se rendre sur leurs terres situées dans le nord de la tribu.

De nombreux villages, dont quelques-uns sont très importants, ont été construits sur les deux rives, principalement sur la rive gauche. Les principaux sont : Menaa, Chir, Nouadder, Teniet El Abed, Tiskifine.

Ces villages, éloignés les uns des autres de quelques kilomètres seulement, sont édifiés sur le versant de la chaîne de montagnes.

On y accède par des sentiers escarpés partant du chemin principal qui côtoie l'Oued Abdi dont les eaux servent à l'irrigation des nombreux jardins plantés sur ses bords.

La situation des villages, la superbe végétation

de la vallée resserrée entre les montagnes aux arrêtes vives et presques inaccessibles, présentent un aspect des plus pittoresques. Les jardins complantés d'arbres fruitiers, rappellent les plus beaux coins de France.

Les deux ou trois fractions des demi-nomades dont il vient d'être question ont construit des gourbis disséminés qui leur servent d'abris provisoires pour leurs grains. Cette partie de l'Aurès est inhabitable en hiver. Pendant plusieurs mois de l'année, les voies de communication sur ce point sont interceptées par suite de la grande quantité des neiges et de la rigueur de la température sur ces hauteurs.

Les habitants de l'Oued Abdi sont vigoureux, supportant très facilement les intempéries des saisons sans rien changer à leur façon de se vêtir ; mais on doit remarquer aussi que la mortalité chez les enfants est très grande. Les plus robustes seuls résistent à la façon primitive dont ils sont élevés.

Les mœurs des Chaouïas de l'Aurès sont généralement très relâchées ; leurs femmes n'ont aucune moralité et la prostitution y est pour ainsi dire en honneur ! Les filles attendent avec impatience leur premier mariage après lequel elles se hâtent de divorcer pour acquérir, à leurs yeux, le droit de se livrer à la prostitution la plus éhontée. Cette règle générale ne comporte que peu d'exceptions produites le plus souvent par la naissance d'un enfant au premier mariage. Dans ce cas, la famille se forme et les liens des époux se resserrent naturellement. Cependant, il arrive qu'une femme épouse et mère sollicite le divorce et, après l'avoir obtenu, se prostitue sans la moindre retenue, sous les yeux mêmes de ses enfants.

Ce dérèglement dans les mœurs des Chaouïas a amené une certaine perturbation dans les races. Le type originel a à peu près disparu, ayant fait place à une infinie variété de physionomies dans lesquelles on retrouve un mélange des principaux caractères de toutes les races distinctes du nord de l'Afrique.

On suppose que cette situation morale ne remonte pas très haut, mais qu'elle est la conséquence de la domination des Arabes. Cette hypothèse est d'autant plus admissible que les Arabes, très pudiques dans leur milieu, sont de mœurs déréglées chez les étrangers où ils trouvent une large compensation à leur retenue. La beauté proverbiale des femmes de l'Aurès paraît un peu surfaite; ce qui attire plus particulièrement l'attention sur elles, c'est la facilité avec laquelle elles se laissent admirer.

La réputation de guerriers farouches et belliqueux des indigènes de l'Oued Abdi doit être aujourd'hui singulièrement réduite : les Oulad Abdi ne sont même pas braves; cela tient évidemment à la dissolution de leurs mœurs et à l'état de servilité dans lequel ils se trouvent vis à vis de leurs femmes. Leurs voisins, les Oulad Zian, profitent de leur crainte exagérée et de certains droits d'usage qu'ils ont conservés dans l'Oued Abdi pour commettre à leur détriment toutes sortes d'exactions. On peut même affirmer que si notre domination n'était pas venue entre ces deux tribus, l'Oued Abdi serait devenu tôt ou tard tributaire des Ouled Zian.

On doit faire cependant quelques réserves, mais au point de vue du caractère seulement, en faveur de certaines fractions du Sud, plus anciennement établies dans le pays telles que Menaâ, Mara et Amentane, et de toutes les décheras du cours inférieur de l'Oued Abdi dont les habitants ne se laisseraient pas dépouiller sans coup férir. Dans cette même région, à Nara et à Tagouat, la prostitution n'est pas tolérée.

Les mœurs des Oulad Daoud sont sensiblement les mêmes que celles des Oulad Abdi. Leurs villages sont construits sur tout le cours de l'Oued El Abiod. Ils sont moins sédentaires que les Oulad Abdi. Ils émigrent pendant l'été dans le nord de la tribu où sont situées leurs terres de culture.

Les Oulad Daoud ont un caractère fanatique et plus indépendant que leurs voisins de l'Oued Abdi ; cela tient sans doute à leur isolement au milieu des montagnes escarpées où ils vivent.

Dans les Oulad Daoud, la prostitution est

exercée plus discrètement que dans l'Oued Abdi. Les hommes ne supportent pas toujours facilement les écarts de conduite de leurs femmes.

Les femmes jouent généralement un très grand rôle dans les crimes et délits qui se commettent si fréquemment.

Depuis les dernières insurrections, les indigènes de l'Aurès sont rentrés dans l'ordre le plus parfait et ne mettent aucune entrave à l'Administration, dont ils commencent à comprendre les bienfaits.

---

## Principales Voies de Communication

Une seule route carossable, dont le tracé a été fait par l'autorité militaire, existe à l'heure actuelle dans l'Oued Abdi : c'est le chemin de grande communication n° 32, de Batna à Medina, dans les Oulad Daoud. Ce chemin est achevé depuis quelques mois seulement sur toute sa longueur. Il traverse l'Oued Abdi dans sa partie nord.

Le chemin n° 1 de petite vicinalité qui s'embranche au lieu dit Saneuf, sur le chemin de grande communication n° 32, mène à Arris.

Un projet de construction de chemin vicinal partant du plateau de Tafrent pour aboutir à Arris par l'Oued Abdi, est à l'étude.

Les autres chemins existants sont des sentiers muletiers semés de difficultés et presque impraticables en hiver.

Les principaux sont :

1° Le chemin de l'Oued Abdi, qui traverse la tribu dans toute sa longueur, depuis Firès jusqu'aux Beni Souik, en passant par l'Oued Taga, Aïn-Chaïr, Teniet, Kabel, Ressas et longe la vallée de l'Oued Abdi. Ce chemin débouche au Nord dans les Achèches et descend vers le Sud-Ouest à Biskra;

2° Le chemin de Lambèse à Menaa par la forêt Sgag et les décheras de Bouzina et Tagoust. Ce chemin est carrossable pendant la belle saison jusqu'à la maison forestière de Sgag; il sert à l'exploitation de la forêt de cèdres;

3° Le chemin de Menaa à Arris par Nara, la plaine de Mondji et Taghit M' Zidam;

4° Le chemin de Baali à Arris, par la passe de Baali;

5° Le chemin de Bouzina à Larbaâ, par Teniet Larbaâ;

6e Le chemin de Bouzina à l'Oued Taga par la plaine de Nerdi.

### Tribu des Oulad Daoud

A partir de Reddam, le chemin de grande communication de Batna à Médina n° 32 entre dans la tribu des Oulad Daoud jusqu'à Arris en s'embouchant sur le chemin de petite vicinalaté n° 1 : il est carrossable sur toute sa longueur.

Les autres chemins de la tribu sont des sentiers muletiers reliant entre elles les principales décheras.

Les plus importants sont :

1° Le chemin de Médina à Biskra par El-Hadjedj, Tiranimine, avec embranchement sur Arris ;

2° Le chemin de l'Oued Abdi à Arris, par la passe de Baali ;

3° Le chemin d'El Hadjedj à Tkout par le Zelatou ;

4° Le chemin de Reddam à El Hadjedj par le col de Bou Iriel et la gorge de Baacha ;

5° Le chemin de Tiranimine à Mondji, dans l'Oued Abdi, par le Chabet Bou Ysel ;

6° Le chemin de Tiranimine à Biskra par Teniet El Beïda et Guelfen.

Plusieurs autres sentiers de moindre importance relient entre elles les voies principales.

---

## Cours d'Eau

L'Oued Abdi comprend trois rivières principales qui sont, pour le versant tellien : l'Oued Taga, prenant sa source aux pieds du Mechmel : son parcours dans la tribu est d'environ 35 kilomètres.

Cette rivière ne tarit jamais et permet l'irrigation de la plus grande partie des terres de la vallée. A sa sortie de la tribu, elle perd le nom de l'Oued Rbaâ qu'elle échange un peu plus loin contre celui de Chemora, nom qu'elle conserve jusqu'au moment où elle jette dans le lac Djendli.

L'Oued Bouzina prend sa source dans la plaine de Nerdi, aux pieds du Kef Mehmel et va se jeter dans l'Oued Abdi, au bas du village de Menaâ, en arrosant, sur son parcours les magnifiques jardins de Bouzina, Oum Er Rekha et Tagoust.

L'Oued Abdi a deux sources principales : l'Aïn Djezia et l'Aïn Guerza; il arrose, sur une longueur de plus de 50 kilomètres, le territoire de la tribu et sert à l'irrigation des jardins de cette vallée.

L'Oued Abdi a, pendant toute l'année, une grande quantité d'eau, sauf en été, au moment des grandes chaleurs.

Deux autres rivières très peu importantes sont l'Oued Larbaâ, qui prend sa source près de Zgag, et l'Oued Tiferasine, qui prend sa source à Ras Bouserine. Toutes deux vont se jeter dans l'Oued Fedala.

### Tribu des Oulad Daoud

L'Oued El Abiod est le seul cours d'eau important qui traverse le territoire des Oulad Daoud ; du Nord-Est au Sud-Est, ses principaux affluents sont : l'Oued El Anasser, l'Oued Bacha, l'Oued Arris et l'Oued Taghit.

Les sources les plus abondantes sont celles situées dans la plaine de Médina, dont la plus importante porte le nom de Khenguet Ed Deban.

Les autres sources sont Aïn El Anasser, Aïn Djermane, Aïn Meloudja, Aïn Bacha, et, dans la vallée de l'Oued El Abiod, les sources d'Arris et celles de Taghit.

Il faut également citer comme sources celles formant l'Oued Foum Toub et l'Oued Tibikaouine, affluents de l'Oued Taga.

---

## Forêts

Les forêts couvrent une grande partie du territoire de la commune mixte de l'Aurès.

Les principales forêts sont :

1° Celles situées sur la rive gauche de l'Oued Abdi, depuis de Djebel Lazereg jusqu'à Baali ;

2° La forêt du Djebel Nouacer à l'ouest de la tribu, entre les Beni Ferah et les Beni Maâfa.

3° Enfin, l'importante forêt de Zgag qui, partant de Larbaâ et passant par la ligne de partage des eaux, se continue dans le versant tellien sur la rive gauche de l'Oued Taga par le Djebel Delfaouin.

Les différentes essences qui peuplent ces massifs sont le cèdre, le pin d'alep, le chêne blanc, le genévrier et le frêne épineux.

Les bois situés dans la commune mixte de l'Aurès se divisent en deux catégories :

1° Bois non soumis au régime forestier, mais surveillés et gérés par ce service. Cette catégorie comprend un groupe de forêts situé sur le territoire de la commune mixte de l'Aurès et d'Aïn Touta sans division ;

2° Bois non soumis au régime forestier et laissés en dehors de l'action forestière.

| | | |
|---|---|---|
| Taghit . . . . . . . . . . | 14.599 | 64.770 hectares. |
| Oued Abdi . . . . . | 10.600 | |
| Oulad Daoud . . . . | 39.571 | |

---

## Commerce et Industrie

Le commerce des gens de l'Aurès consiste dans la vente des fruits, céréales et bestiaux, sur les marchés environnants ; ils font également, avec le Sud, beaucoup d'échanges.

Il n'y a, pour ainsi dire, aucune industrie locale proprement dite. On trouve, néanmoins, dans la commune, quelques maçons assez adroits. Les cultivateurs, en général, fabriquent eux-mêmes leurs charrues et montent leurs moulins. Il y a aussi quelques bijoutiers.

A Menaâ, il existe une assez grande industrie

de chaussures. Les indigènes, tanneurs et cordonniers, fabriquent sur place une espèce de pantoufle appelée « Belgha » très recherchée.

Une mine de mercure et de plomb argentifère a été ouverte à Taghit par une société anglaise. Mais, depuis la mort du chef de la société, les travaux sont, sinon abandonnés, du moins suspendus.

---

### Impôts

La tribu de l'Oued Abdi est, pour l'impôt, divisée en deux fractions distinctes : l'une, Nord, comprenant les douars Oulad Azzouz, Oulad Abderrezzeg et Oulad Angala, qui paient l'Hockro et l'Achour. Les onze autres fractions paient, aux lieu et place desdits impôts, une lezma fixe dont le principal s'élève à 29,851 fr. 52 c.

En dehors de ces impôts, les indigènes paient la Zekkat (impôt sur les bestiaux) et les prestations.

Dans le versant tellien, les dours Oulad Abderrezzeg, Oulad Angala et Oulad Azzouz paient l'Hockor, l'Achour, la Lezma et les prestations.

Ces divers impôts présentent une moyenne de :

(*Voir les tableaux-statistiques ci-contre*).

## IMPOTS ARABES 1893

| DÉSIGNATION des DOUARS | HOCKOR Nombre de charrues | HOCKOR Produit | ACHOUR Nombre de charrues | ACHOUR Produit | LEZMA | ZEKKAT Nombre de chameaux | ZEKKAT Produit | ZEKKAT Nombre de bœufs | ZEKKAT Produit | ZEKKAT Nombre de moutons | ZEKKAT Produit | ZEKKAT Nombre de chèvres | ZEKKAT Produit | TOTAL de la ZEKKAT | TOTAL en PRINCIPAL | CENTIMES ADDITIONNELS Dépenses communales 12 o/o | CENTIMES ADDITIONNELS Centimes généraux 6 o/o | CENTIMES ADDITIONNELS Constitution de la propriété individuelle 4 o/o | TOTAL | TOTAL GÉNÉRAL des IMPOSITIONS | PART des CHEFS COLLECTEURS |
|---|---|---|---|---|---|---|---|---|---|---|---|---|---|---|---|---|---|---|---|---|---|
| **Tribu de l'Oued Abdi** | | | | | | | | | | | | | | | | | | | | | |
| Oulad Abderrezz-g... | 155.08 | 3101.60 | 155.08 | 3877.00 | » | » | » | 753 | 2259.00 | 11649 | 2329.80 | 6638 | 1659.50 | 6248.30 | 13226.90 | 1587.23 | 793.61 | 529.08 | 2909.92 | 16136.82 | 1322.69 |
| Oulad Angala....... | 93.83 | 1876.60 | 102.83 | 2570.75 | » | » | » | 390 | 1170.00 | 5263 | 1052.60 | 2634 | 658.50 | 2881.10 | 7328.45 | 879.41 | 439.71 | 293.11 | 1612.26 | 8940.71 | 732.84 |
| Oulad Azzouz....... | 99.12 | 1988.40 | 99.12 | 2485.50 | » | » | » | 237 | 711.00 | 5110 | 1022.00 | 1197 | 299.25 | 2032.25 | 6506.15 | 780.74 | 390.37 | 260.24 | 1431.35 | 7937.50 | 650.61 |
| Baali et Tselot....... | » | » | » | » | 2309.00 | » | » | 261 | 783.00 | 5960 | 1192.00 | 2546 | 636.50 | 2611.50 | 4920.50 | 590.46 | 295.23 | 196.82 | 1082.51 | 6003.01 | 492.05 |
| Bouzina.......... | » | » | » | » | 2385.00 | » | » | 194 | 582.00 | 3749 | 749.80 | 3366 | 841.50 | 2173.30 | 4558.30 | 547.00 | 273.50 | 182.33 | 1002.83 | 5561.13 | 455.83 |
| Larbaâ.......... | » | » | » | » | 1733.00 | » | » | 135 | 405.00 | 2010 | 402.00 | 2602 | 650.50 | 1457.50 | 3190.50 | 382.86 | 191.43 | 127.62 | 701.91 | 3892.41 | 319.05 |
| Oumerkha.......... | » | » | » | » | 2892.30 | » | » | 189 | 567.00 | 1992 | 398.40 | 8510 | 2127.50 | 3092.90 | 5985.20 | 718.22 | 359.11 | 239.41 | 1316.74 | 7301.94 | 598.52 |
| Ras Ed Draâ........ | » | » | » | » | 2881.00 | » | » | 196 | 588.00 | 3991 | 798.20 | 4936 | 1234.00 | 2620.20 | 5501.20 | 675.00 | 330.07 | 220.05 | 1210.27 | 6711.47 | 550.12 |
| Haidous et Teniet.... | » | » | » | » | 2997.00 | » | » | 383 | 1149.00 | 4313 | 862.60 | 4504 | 1126.00 | 3137.60 | 6134.60 | 736.15 | 368.08 | 245.38 | 1349.61 | 7484.21 | 613.46 |
| Taghit Sidi Belkhir.. | » | » | » | » | 1589.00 | » | » | 89 | 267.00 | 1539 | 307.80 | 2867 | 716.75 | 1291.55 | 2880.55 | 345.67 | 172.83 | 115.22 | 633.72 | 3514.27 | 288.03 |
| Menaâ.......... | » | » | » | » | 2385.00 | » | » | 202 | 606.00 | 96 | 19.20 | 4543 | 1135.75 | 1760.95 | 4145.95 | 497.51 | 248.76 | 165.84 | 912.11 | 5058.06 | 414.59 |
| Amentane.......... | » | » | » | » | 2228.00 | » | » | 122 | 366.00 | 214 | 42.80 | 3215 | 803.75 | 1212.55 | 3440.55 | 412.87 | 206.43 | 137.62 | 756.92 | 4197.47 | 344.08 |
| Arb El Oued Abdi... | » | » | » | » | 6067.22 | » | » | 446 | 1338.00 | 7830 | 1566.00 | 10057 | 2514.25 | 5418.25 | 11485.47 | 1378.25 | 689.13 | 459.42 | 2526.80 | 14012.27 | 1148.55 |
| Nara.............. | » | » | » | » | 2385.00 | » | » | 195 | 585.00 | » | » | 7586 | 1896.50 | 2481.50 | 4866.50 | 583.98 | 291.99 | 194.66 | 1070.63 | 5937.13 | 486.65 |
| | 348.33 | 6966.60 | 357.33 | 8933.25 | 29851.52 | » | » | 3792 | 11376.00 | 53724 | 10743.20 | 65201 | 6300.25 | 38419.45 | 84170.82 | 10100.50 | 5050.25 | 3366.83 | 18517.58 | 102688.40 | 8417.07 |
| **Tribu des Oulad Daoud** | | | | | | | | | | | | | | | | | | | | | |
| El Haddada........ | 83.88 | 1677.60 | 83.88 | 2097.00 | » | » | » | 288 | 864.00 | 6363 | 1272.60 | 9531 | 9382.75 | 4519.35 | 8293.95 | 995.27 | 497.64 | 331.76 | 1824.67 | 10118.62 | 829.40 |
| Oulad Ouzza........ | 122.35 | 2447.00 | 127.61 | 3190.25 | » | » | » | 523 | 1569.00 | 11846 | 2369.20 | 9628 | 2407.00 | 6345.20 | 11982.15 | 1437.89 | 718.95 | 479.30 | 2636.14 | 14618.59 | 1198.24 |
| Lahalba.......... | 79.14 | 1582.80 | 79.14 | 1978.50 | » | » | » | 276 | 828.00 | 4733 | 946.60 | 4265 | 1066.25 | 2840.85 | 6402.15 | 768.26 | 384.13 | 256.08 | 1408.47 | 7810.62 | 640.21 |
| Zahalfa........... | 201.71 | 4034.20 | 207.08 | 5177.00 | » | » | » | 646 | 1938.00 | 14408 | 2881.60 | 18107 | 4526.75 | 9346.35 | 18557.55 | 2226.91 | 1113.45 | 742.30 | 4082.66 | 22640.21 | 1855.76 |
| Oulad Takheribet.... | 69.31 | 1386.80 | 69.34 | 1733.50 | » | » | » | 246 | 738.00 | 8013 | 1602.60 | 4107 | 1026.75 | 3367.35 | 6487.65 | 778.52 | 389.20 | 259.51 | 1427.29 | 7914.94 | 648.77 |
| | 556.42 | 11128.40 | 567.05 | 14176.25 | » | » | » | 1979 | 5937.00 | 45363 | 9072.60 | 45638 | 11409.50 | 26419.10 | 51723.75 | 6206.85 | 3099.43 | 2068.95 | 11379.23 | 63102.98 | 5172.38 |
| | 348.33 | 6966.60 | 357.33 | 8933.25 | 29851.52 | » | » | 3792 | 11376.00 | 53724 | 10743.20 | 65201 | 16300.25 | 38419.45 | 84170.82 | 10100.50 | 5050.25 | 3366.83 | 18517.58 | 102688.40 | 8417.07 |
| | 556.42 | 11128.40 | 567.05 | 14176.25 | » | » | » | 1979 | 5937.00 | 45363 | 9072.60 | 45638 | 11409.50 | 26419.10 | 51723.75 | 6206.85 | 3099.43 | 2068.95 | 11379.23 | 63102.98 | 5172.38 |
| | 904.75 | 18095.00 | 924.38 | 23109.75 | 29851.52 | » | » | 5771 | 17313.00 | 99087 | 19815.80 | 100839 | 27709.75 | 64838.55 | 13589457 | 16307.35 | 8149.68 | 5435.78 | 29896.81 | 165791.38 | 13589.45 |

## PRESTATIONS

| DÉSIGNATION des DOUARS | HOMMES | | | | CHEVAUX, MULETS | | | | BŒUFS DE TRAIT | | | | ANES | | | | TARIF par nature DE TAXE et PAR DOUAR |
|---|---|---|---|---|---|---|---|---|---|---|---|---|---|---|---|---|---|
| | NOMBRE | NOMBRE de journées | TARIF de la journée | PRODUIT | NOMBRE | NOMBRE de journées | TARIF de la journée | PRODUIT | NOMBRE | NOMBRE de journées | TARIF de la journée | PRODUIT | NOMBRE | NOMBRE de journées | TARIF de la journée | PRODUIT | |
| **Tribu de l'Oued Abdi** | | | | | | | | | | | | | | | | | |
| Ouled Abderrezzag | 308 | 924 | 2 | 1848.00 | 228 | 684 | 2 | 1368.00 | 1 | 3 | 1.50 | 4.50 | 35 | 105 | 0.75 | 78.75 | 3299.25 |
| Ouled Angala | 148 | 444 | 2 | 888.00 | 123 | 369 | 2 | 738.00 | 6 | 18 | 1.50 | 27.00 | 17 | 51 | 0.75 | 38.25 | 1691.25 |
| Ouled Azouz | 135 | 405 | 2 | 810.00 | 118 | 354 | 2 | 708.00 | | | | | 26 | 78 | 0.75 | 58.50 | 1576.50 |
| Baali et Tselet | 215 | 645 | 2 | 1290.00 | 150 | 450 | 2 | 900.00 | | | | | 13 | 39 | 0.75 | 29.25 | 2219.25 |
| Bouzina | 235 | 705 | 2 | 1410.00 | 155 | 165 | 2 | 930.00 | | | | | 10 | 30 | 0.75 | 22.50 | 2362.50 |
| Oumerrekha | 358 | 1074 | 2 | 2148.00 | 187 | 561 | 2 | 1122.00 | | | | | 37 | 111 | 0.75 | 83.25 | 3353.25 |
| Larbaâ | 153 | 459 | 2 | 918.00 | 93 | 279 | 2 | 558.00 | | | | | 6 | 18 | 0.75 | 13.50 | 1489.50 |
| Ras Ed Draâ | 214 | 642 | 2 | 1284.00 | 128 | 381 | 2 | 768.00 | | | | | 21 | 63 | 0.75 | 47.25 | 2099.25 |
| Haïdous et Teniet El Abod | 324 | 972 | 2 | 1944.00 | 189 | 567 | 2 | 1134.00 | | | | | 20 | 60 | 0.75 | 45.00 | 3123.00 |
| Taghit Sidi Belkhir | 125 | 375 | 2 | 750.00 | 77 | 231 | 2 | 462.00 | | | | | 9 | 27 | 0.75 | 20.25 | 1232.25 |
| Menaâ | 212 | 636 | 2 | 1272.00 | 84 | 252 | 2 | 504.00 | | | | | 8 | 24 | 0.75 | 18.00 | 1794.00 |
| Amentane | 194 | 582 | 2 | 1164.00 | 57 | 171 | 2 | 342.00 | | | | | 32 | 96 | 0.75 | 72.00 | 1578.00 |
| Arb El Oued Abdi | 458 | 1374 | 2 | 2748.00 | 341 | 1023 | 2 | 2046.00 | | | | | 14 | 42 | 0.75 | 31.50 | 4825.50 |
| Nara | 270 | 810 | 2 | 1620.00 | 72 | 216 | 2 | 432.00 | | | | | 64 | 192 | 0.75 | 144.00 | 2196.00 |
| | 3349 | 1047 | » | 20094.00 | 2002 | 6006 | » | 12012.00 | 7 | 21 | » | 31.50 | 312 | 936 | » | 702.00 | 32839.50 |
| **Tribu des Oulad Daoud** | | | | | | | | | | | | | | | | | |
| Ouled Ouzza | 633 | 1899 | 2 | 3798.00 | 346 | 1038 | 2 | 2076.00 | | | | | 69 | 207 | 0.75 | 155.25 | 6029.25 |
| El Haddada | 458 | 1374 | 2 | 2748.00 | 102 | 576 | 2 | 1152.00 | | | | | 72 | 216 | 0.75 | 162.00 | 4062.00 |
| Labalha | 239 | 717 | 2 | 1434.00 | 123 | 369 | 2 | 738.00 | | | | | 49 | 147 | 0.75 | 110.25 | 2282.25 |
| Zahabfa | 712 | 2136 | 2 | 4272.00 | 389 | 1167 | 2 | 2334.00 | | | | | 148 | 444 | 0.75 | 333.00 | 6939.00 |
| Ouled Takheribet | 222 | 666 | 2 | 1332.00 | 149 | 447 | 2 | 894.00 | | | | | 59 | 177 | 0.75 | 132.75 | 2358.75 |
| | 2264 | 6792 | » | 13584.00 | 1109 | 3597 | » | 7194.00 | » | » | » | » | 397 | 1191 | » | 893.25 | 21671.25 |
| **Récapitulation** | | | | | | | | | | | | | | | | | |
| Oued Abdi | 3349 | 1047 | » | 20094.00 | 2002 | 6006 | » | 12012.00 | 7 | 21 | » | 31.50 | 312 | 936 | » | 702.00 | 32839.50 |
| Oulad Daoud | 2264 | 6792 | » | 13584.00 | 1109 | 3597 | » | 7194.00 | » | » | » | » | 397 | 1191 | » | 893.25 | 21671.25 |
| | 5613 | 16839 | » | 33678.00 | 3111 | 9603 | » | 19206.00 | 7 | 21 | » | 31.50 | 709 | 2127 | » | 1595.25 | 54510.75 |

Le produit de l'octroi de mer s'élève à environ cinq mille francs.

---

## Ruines romaines

Les nombreuses ruines romaines qu'on rencontre sur tout le territoire de l'Aurès témoignent de l'importance qu'avait prise la colonisation romaine dans cette région.

On y remarque des vestiges de travaux de construction considérables ; mais, au point de vue archéologique, les trouvailles faites sont sans importance. Les quelques inscriptions relevées sur les pierres tombales ne sont pas de nature à apporter un document nouveau à l'histoire de l'occupation romaine dans le pays.

Cependant, dans la tribu des Oulad Daoud, une inscription très importante, au point de vue historique, existe encore dans le défilé de Tiranimine. Elle a été gravée dans le roc, presque à la sortie du défilé, par la VIe Légion romaine, qui traçait, sous le règne d'Antonin-le-Pieux, une route de Lambèse à Biskra, par la vallée de l'Oued El Abiod. Cette inscription fut découverte en 1850 par le général Saint-Arnaud, qui descendait de Médina à Biskra par les gorges de Tiranimine.

## Colonisation

Aucun centre de colonisation européen ni groupe de fermes isolées n'existe dans la commune mixte de l'Aurès, où, d'ailleurs, la colonisation ne pourra jamais s'implanter à cause du manque de terre et surtout en raison de leur haute valeur.

On avait bien projeté, dans les Oulad Daoud, la création de deux centres de colonisation à Médina et à Foum Toub où il existe des terres sequestrées après l'insurrection de 1879; mais on y a renoncé par rapport au peu d'étendue des terres disponibles.

## CHAPITRE II

**Etude spéciale sur chaque douar ou section :** Superficie. — Villages indigènes. — Origine des habitants, leur caractère. — Sécurité. — Terres de culture. — Plantations. — Commerce et industrie — Personnages et établissements religieux. — Altitude moyenne — Cours d'eau et sources. — Climat et situation sanitaire. — Ecole de Menaâ. — Hôpital d'Arris.

---

### Section des Oulad Abderrezeg

La section des Oulad Abderrezeg compte 1,315 habitants qui résident, suivant les saisons, tantôt dans la vallée de l'Oued Abdi, tantôt dans celle de l'Oued Taga. Ils passent quelques mois de l'année seulement dans cette dernière vallée au moment des labours et de la récolte.

Le village de Baïou situé dans la vallée de l'Oued Taga leur sert de résidence d'été ; en hiver, il est presque complètement abandonné.

Les Oulad Abderrezzeg font partie, avec les Oulad Angala, de la grande fraction désignée sour le nom d'Ouled Moumen ; leur caractère est celui, à peu de chose près, des autres indigènes de l'Oued Abdi.

Les Oulad Abderrezzeg descendent d'un indigène de l'Ahmar Kaddou, venu contracter alliance dans l'Oued Abdi.

La sécurité ne laisse rien à désirer dans les décheras de l'Oued Abdi ; elle est moins complète dans l'Oued Taga où les Oulad Zian de la commune mixte d'Aïn Touta viennent s'intaller en été en vertu d'anciens droits d'usage et en profitent pour commettre de nombreux attentats contre les propriétés.

Comme terres de culture, ils détiennent au titre Arch une grande partie du bassin supérieur de l'Oued Taga, au lieu dit Malou. Ils y cultivent les céréales : blé, orge et maïs.

Dans l'Oued Abdi, ils possèdent au titre Melk, de nombreux jardins plantés d'abricotiers, pêchers, noyers, grenadiers et vignes, dont les produits suffisent largement à assurer leur existence.

Leurs terres de l'Oued Abdi situées toutes dans le fond de la vallée sont de très bonne qualité ; les propriétaires apportent du reste dans leur entretien, un soin tout particulier. Dans l'Oued Taga leurs terres sont également de première qualité et donnent des rendements très rénumérateurs.

En dehors de leurs cultures, les Oulad Abderrezeg se livrent à l'élevage du bétail. Le commerce qu'ils font est très important ; aussi sont-ils considérés, à bon droit, comme les indigènes les plus aisés de la commune.

Ils n'ont pas d'industrie proprement dite ; quelques moulins tout à fait rudimentaires sont établis sur l'Oued Taga.

Il n'y a aucun personnage ni établissement religieux ou famille influente chez les Oulad Abderrezeg.

Dans l'Oueb Abdi, leurs villages sont à une altitude moyenne de 1000 mètres ; dans l'Oued Taga, elle est de 1300 mètres.

Les deux principaux cours d'eau qui arrosent les territoires habités par les Oulad Abderrezeg sont :

1° L'Oued Abdi, qui ne coule qu'en hiver et pendant une faible partie de l'été ;

2° L'Oued Taga qui ne tarit jamais. Ces deux oueds prennent leur source au pied du djebel Mahmel : le premier sur le versant Sud-Ouest, et le second sur le versant Nord-Est. Ils coulent donc dans des directions diamétralement opposées, l'un va se perdre dans les sables du Sahara l'autre se dirige dans la direction des Hauts-Plateaux.

Le climat est très rigoureux dans la vallée de l'Oued Taga et très tempéré au contraire dans la vallée de l'Oued-Abdi. La situation sanitaire de cette section est excellente dans leurs deux résidences.

### Section des Oulad Angala

Il n'y r rien de particulier à dire sur les Oulad Angala, qui habitent les mêmes villages et cultivent les mêmes terres que les Oulad Abderrezeg.

Leur population est de 715 habitants.

De même origine que le Oulad Abderrezeg, les Oulad Angala se subdivisent de la manière suivante :

1° Les Oulad Letifa et les Oulad Amar originaires de l'Oued Abdi;

2° Les Oulad Slimane venus des Achèches ;

3° Les Oulad Abdallah et les Oulad Belkheur descendant du marocain M'Ahmed ben Abdallah qui aurait épousé la fille d'un cheik de l'Oued Abdi;

4° Les Oulad Amor originaires en partie de l'Oued Abdi et l'autre partie descendant d'un nègre serviteur d'un chef de cette tribu.

La première alliance des Oulad Angala est fort ancienne; c'est celle contractée avec les Oulad Abdallah dont le chef, Si M'Ahmed, a épousé la fille de Belkheir ben Ali Bourek, la nommée Angala, d'où le nom donné à la section.

---

### Section des Oulad Azzouz

La section des Oulad Azzouz est beaucoup moins importante que les deux précédentes ; elle comprend une population de 644 habitants qui résident tantôt dans l'Oued Abdi, tantôt dans l'Oued Taga. Dans l'Oued Abdi, ils n'ont qu'un seul village appelé Oulad Azzouz. Dans l'Oued Taga, ils occupent le village d'Ali Gadeur et habitent sous la tente la partie de la vallée désignée sous le nom de Firès.

Les Oulad Azzouz sont originaires de l'Oued Abdi ; ils descendent de Bourek, l'ancêtre des Oulad Abdi et des Oulad Daoud. Ils se divisent en deux fractions appelés Oulad Aksa ben Ali et Oulad Ahmed ben Rahmoun.

Les gens des Oulad Azzouz sont d'un caractère paisible.

Il n'y a dans cette section, ni famille influente, ni établissement religieux.

Le climat est très rigoureux dans cette région dont l'altitude moyenne est de 1.700 mètres.

La situation sanitaire de la section est bonne, sauf dans l'Oued Taga, où les fièvres paludéennes éprouvent les habitants.

Les terres de culture sont situées dans la vallée de l'Oued Taga et les jardins, dans l'Oued Abdi.

Les habitants cultivent les céréales et élèvent le bétail ; ils ont aussi quelques vergers plantés principalement de noyers.

Le commerce qu'ils font est assez important ; ils n'ont aucune industrie réelle.

### Section de Baali et Tletz

La section de Baali et Tletz a une population de 1.022 habitants qui résident alternativement dans l'Oued Abdi et dans l'Oued Taga. Leurs principales résidences sont Baali et Tletz situés dans l'Oued Abdi, et Bou Amar dans la vallée de l'Oued Taga.

Les habitants sont autochtones, ils descendent de Bourek. Leur caractère comme celui de tous les gens de l'Oued Abdi est paisible. Ils appartiennent aux quatre fractions principales qu'a formées la tribu de l'Oued Abdi proprement dite, savoir : Oulad Ali ben Youssef, Oulad Mahdi, Oulad Masselem, et Oulad Amar ben Daoud.

Il n'existe dans cette fraction, ni établissement religieux, ni personnage influent.

La sécurité y est complète dans les villages de Baali et Tletz ; elle est moins grande à Bou-Amar.

Comme terres de culture, les indigènes détiennent quelques parcelles dans l'Oued Taga, leurs jardins sont situés dans l'Oued Abdi.

Le climat est rigoureux à Bou Amar, la situation sanitaire laisse un peu à désirer. Pendant les chaleurs, les fièvres paludéennes y sévissent avec assez d'intensité.

Le commerce des gens de cette section consiste dans la vente ou l'échange des produits de leurs jardins ; ils font également d'importantes transactions avec leur bétail.

## Section d'Haïdous et Teniet El Abed

Cette section ne comprend que les deux villages qui lui ont donné nom ; ils sont situés dans la vallée de l'Oued Abdi à 5 kilomètres environ au-dessous de Baâli.

La population de cette section est de 1.396 habitants parmi lesquels se trouvent en assez grand nombre des gens appartenant aux Oulad Abderrezeg et aux Oulad Angala. Comme il est dit au début, ces familles restent placées sous l'autorité de leurs cheiks respectifs.

Les Haouadsa sont originaires du Maroc et ne forment qu'une fraction appelée Oulad Aïssa ben Hidous.

Deux personnages religieux existent dans cette section : Si Mohammed ben Si Ahmed Amzian, de l'ordre des Rahmania, dirige dans le village de Haïdous, une petite zaouia, où il enseigne le coran à des Tolbas de l'Oued Abdi.

A Teniet El Abed, le marabout ben Si Belkacem, chef religieux de l'ordre des Rahmania, enseigne le Coran et la Jurisprudence d'après Sidi Khelil ; ses tolbas sont recrutés dans l'Oued Abdi, où il exerce une certaine influence au point de vue religieux.

Les terres de culture consistent principalement en vergers et potagers. Les habitants possèdent aussi quelques parcelles dans l'Oued Taga et la plaine de Nerdi où ils cultivent des céréales. En dehors de ces terrains, le sol est généralement rocheux et même très accidenté aux abords des villages de cette section.

Les arbres fruitiers : abricotiers, pêchers, noyers, grenadiers, vigne et plantes potagères sont les principales cultures des habitants.

Le climat y est sain et tempéré.

Le principal commerce des gens de Haïdous consiste en la vente ou l'échange des céréales, des produits de leurs jardins et dans la vente de leur bétail. L'industrie y est nulle.

L'altitude de Haïdous et Teniet El Abed est évaluée à environ 1.000 mètres.

---

## Section Ras Ed Draâ

On compte 958 habitants dans la section de Ras El Draâ, compris dans les villages de Medrouna, Tiskifine, et Hellaoua, situés immédiatement au-dessous de ceux de Haïdous et Teniet El Abed.

De race aborigène, les gens de Ras Ed Draâ appartiennent aux fractions de l'Oued Abdi, Oulad Ali ben Youssef, Oulad Madhi.

Les habitants cultivent surtout les arbres fruitiers et les légumes; ils en échangent les produits contre des céréales servant à leur alimentation. Ils élèvent le bétail et principalement la race caprine.

Les quelques parcelles de terre de culture qu'ils possèdent sont situées dans la plaine de Nerdi et leurs jardins et potagers, au-dessous de leurs villages.

A Médrouna réside Si El Hachemi ben Si Ali Dardour, personnage religieux, Mokkadem de l'ordre de Trikat El Habab. Ce marabout a été interné en 1880 pour avoir causé par ses intrigues du désordre dans la tribu.

Il a été gracié en 1890. La secte à laquelle il appartient ne compte qu'un très petit nombre de Khouans.

A Hellaoua se trouve le nommé Mohammed Amzian ben Nara Khouni, de la même secte, qui a été interné en même temps que si El Hachemi; il a été grâcié en 1884.

L'altitude moyenne de Ras Ed Draâ est de 900 mètres, cette section est traversée par l'Oued Abdi.

On trouve, à Medrouna, une source importante dont les eaux servent à l'irrigation des jardins plantés dans le ravin qui descend dans l'Oued Abdi.

Le climat y est tempéré et la situation sanitaire ne laisse rien à désirer.

La seule industrie du pays consiste dans l'élevage des abeilles. Leurs ruches procurent un miel assez apprécié.

### Section d'Arb El Oued Abdi

La section d'Arb El Oued Abdi est celle qui compte le plus de villages. Ce sont : Chir, sur la rive droite de l'Oued Abdi, El Loutani, Meddour, Nouader, Akhrib, Ghezal sur la rive gauche.

La population totale de cette fraction est de 2.091 habitants. Comme les indigènes de Ras El Draâ, les gens d'Arb El Oued Abdi ne possèdent que peu de terres de culture situées dans la plaine de Nerdi et dans El Malou de Larbaâ. Leurs principaux biens sont situés dans l'Oued Abdi et consistent en arbres fruitiers.

Les gens de cette section ont la même origine et appartiennent aux mêmes fractions que ceux de Ras Ed Draâ.

Ils n'ont ni établissement religieux ni personnages influents.

L'altitude moyenne est d'environ 700 mètres.

Le cours d'eau principal est l'Oued Abdi. A proximité de tous les villages de la rive gauche on trouve des petites sources qui suffisent à alimenter les populations en eau potable.

Toutes les décheras de la rive gauche sont construites sur un sol très accidenté. Chir, sur la rive droite, est situé sur la route de Baali à Menaa, et par exception, très accessible.

C'est dans ce dernier village que résident le cadi de la circonscription et le cheikh de la section.

L'exploitation des ruches à miel est la seule industrie des indigènes de cette section. Le climat y est tempéré et la situation sanitaire y est bonne.

---

### Section de Taghit Sidi Bel Kheir

La population de cette section, composée de 584 habitants, réside dans trois villages, appelés Taghit El Fougani, Taghit El Loutani et Taghit El Oustani, situés dans la gorge de Sidi Bel Kheir et peu éloignés les uns des autres.

Les gens de Taghit sont originaires de l'Oued Abdi : ils descendent de Bourek.

Ils ont une mosquée très connue dans l'Aurès en raison de sa situation sur le tombeau de Sidi Bel Kheir, marabout vénéré, un des fils de Bourek ; mais aucun personnage religieux n'y exerce son influence.

Taghit est à une altitude d'environ 1000 mètres. Le seul cours d'eau important de cette section est l'Oued Taghit qui prend sa source dans la plaine de Moudji à l'entrée de la gorge et va se jeter dans l'Oued Abdi, au dessous de Nouader.

Le pays est très montagneux et peu boisé. A Taghit même, une mine de mercure et de plomb argentifère avait été mise en valeur, il y a quelques années, par une compagnie anglaise. La mort d'un de ses principaux actionnaires a laissé en suspens les travaux importants déjà effectués.

Les principaux revenus des gens de Taghit sont les produits de leurs arbres fruitiers. Le peu de céréales qu'ils font dans leurs terres de culture leur permet de subvenir à leurs besoins.

Leur commerce est suffisamment important; il consiste dans la vente du produit de leurs jardins et de leur bétail.

Le climat, malgré l'altitude de cette section, y est très tempéré et la situation sanitaire y est bonne.

---

### Section de Nara

Le village de Nara, situé dans une gorge au bord d'un petit plateau commençant au pied du Djebel Lazereg et venant aboutir à la première ligne des crêtes de la rive gauche de l'Oued Abdi, forme la section avec plusieurs autres petits groupes (1.210 âmes).

Les gens de Nara sont très peu favorisés sous le rapport des terres de culture; ils ensemencent néanmoins quelques parcelles dans la tribu des Oulad Daoud où ils se sont imposés.

Les habitants de cette section diffèrent essentiellement de toutes les autres sections de l'Oued Abdi. De mœurs farouches, ils vivent très retirés et sont d'un caractère peu maniable; ils ont été l'objet de répressions rigoureuses à la suite de leurs mutineries(1).

Les sources, qui servaient autrefois à l'irrigation de leurs jardins, se sont subitement taries; ils vivent aujourd'hui misérablement du produit de leurs maigres jardins. Cette épreuve n'a, sans doute, pas peu contribué à leur aigrir le caractère.

Depuis quelques années, les gens de Nara sont devenus meilleurs et ne donnent que très peu de sujets de plaintes, si ce n'est en ce qui concerne les délits forestiers qu'ils commettent assez fréquemment pour subvenir un peu plus largement à leurs besoins. Ces délits consistent en démasclage de pins d'alep pour la fabrication du tanin.

Ils n'ont ni personnage influent ni établissement religieux.

L'altitude de Nara est d'environ 900 mètres.

Il n'existe qu'un seul petit cours d'eau insignifiant qui sert à l'alimentation des jardins.

Le climat y est très doux, la situation sanitaire laisse quelque peu à désirer. Lors de la dernière épidémie cholérique il y a eu de nombreux cas. Cette situation est attribuée en grande partie, à l'état de malpropreté et de privations dans lequel vivent les habitants.

Le commerce des gens de Nara est relativement faible. Ils vendent ou échangent les produits de leurs jardins; ils n'ont pas d'industrie.

(1) Voir l'historique de l'Oued Abdi.

### Section de Menaâ

Cette section est formée d'un seul village, Menaâ, le plus important de l'Oued Abdi. Sa population est de 897 habitants.

En dehors de leurs jardins, les gens de Menaâ n'ont pour ainsi dire pas de terres de culture ; mais ils peuvent être considérés comme les plus aisés de la tribu. Leurs belles et grandes plantations d'arbres fruitiers surpassent, comme produits, celles du cours supérieur de l'Oued Abdi.

Les habitants de Menaâ sont des descendants directs de Bourek.

Menaâ est le village de la prostitution par excellence, les mœurs des habitants sont encore plus dissolues que celles des autres Abdaouïs.

Le village est par ce fait le rendez-vous de nombreux étrangers qui n'y sont attirés que par les facilités qu'ils y trouvent de se procurer des réjouissances ; ils y sont même souvent la cause de désordres.

En raison même de cet état de choses la sécurité n'y est complète qu'entre les mains d'un cheik énergique et honnête.

C'est à Menaâ qu'existent la mosquée et la zaouïa de la famille Ben Abbès, dont la création remonte à plusieurs siécles. Le directeur actuel de la zaouïa est Si Hocine ben Abbès, parent de l'ex-caïd de l'Oued Abdi.

Menaâ est à environ 600 mètres d'altitude; il est placé au confluent de l'Oued Bouzina et de l'Oued Abdi. De nombreuses sources qui ne tarissent jamais, arrosent abondamment toutes les terres.

Le sol est très accidenté, sauf la partie réservée aux jardins.

Les arbres fruitiers d'espèces les plus variées font la richesse du pays. L'abricotier y domine et fournit en grande quantité le « Fermès », abricots séchés dont les indigènes font une très grande consommation. L'excellente qualité des terres et la douceur du climat permettent aux propriétaires de faire dans leurs parcelles diverses cultures et plusieurs récoltes par an.

Il existe à Menaâ quatre tanneries et autant de fabriques de chaussures arabes. Il y a aussi quelques bijoutiers.

La situation sanitaire de Menaâ n'est pas mauvaise; mais il est nécessaire, vu l'agglomération, de tenir une main rigoureuse à la propreté du village.

Une école indigène, sous la direction d'un instituteur français, créée en 1890, est fréquentée par une trentaine d'élèves.

---

**Section d'Amentane**

La section d'Amentane comprend une population de 770 habitants; elle est formée de deux villages, les Oulad Abdelli et les Oulad Messaoud ben Salah, situés à 12 kilom. environ de Menaâ.

Les indigènes de cette section n'ont pas de terres de culture; ils possèdent au-dessous de leurs habitations, des parcelles complantées de palmiers et d'autres arbres fruitiers.

Les gens d'Amentane sont installés dans leurs villages depuis les temps les plus reculés et n'ont aucun lien de parenté avec les Oulad Abdi, dont ils diffèrent un peu au point de vue du caractère et des mœurs.

Leurs ancêtres connus sont Abdelli et Messaoud Ben Salah, dont les villages portent les noms.

Une certaine rivalité, dûe sans doute à d'anciennes revendications territoriales, règne entre les deux fractions; mais cette situation n'a aucun caractère politique et tend à disparaître de jour en jour.

Les habitants d'Amentane sont paisibles, laborieux et honnêtes; aussi, la plus grande sécurité règne-t-elle dans leur douar.

Ils n'ont ni personnage influent ni établissement religieux.

Amentane est à une altitude de 500 mètres environ.

L'Oued Abdi traverse la section dans toute sa longueur; quelques sources d'un débit très faible alimentent les populations en eau potable.

Le climat est chaud et la situation sanitaire bonne.

Les dattes d'Amentane sont de qualité inférieure; elles sont livrées à des industriels de Biskra pour la distillerie ; on en tire une eau-de-vie très appréciée.

Après les dattes, leurs plus grandes transactions commerciales portent sur les abricots secs. Le miel de leurs ruches est de qualité supérieure à celui des autres villages de l'Oued Abdi.

---

### Section d'Oum Er Rekha et Tagoust

La population de cette section est de 1.528 habitants qui vivent principalement du produit de leurs jardins et de l'élevage de leur bétail; ils ne possèdent pas de terres de culture.

Les gens d'Oum Er Rekha sont originaires de l'Oued Abdi ; ceux de Tagoust, plus anciennement établis dans le pays, sont également berbères ; mais il n'existe entre eux aucun lien de parenté ; aussi les mœurs diffèrent-t-elles. A Oum Er Rekha, la prostitution s'exerce librement, tandis qu'à Tagoust elle n'est pas tolérée.

La sécurité ne laisse rien à désirer dans cette section. Cependant, il y a quelques années, Oum Er Rekha a été le refuge de plusieurs contumaces ou évadés.

On n'y remarque aucun personnage influent ou religieux. Sur le Djebel Bous, on trouve le tombeau du marabout Si El Ouznaji Ben Bou

Beker, dont la Kouba est fréquentée par de nombreux pèlerins venus de tous les points de la province; mais c'est plutôt un rendez-vous de débauche qu'un lieu de prières. A cette occasion une grande foire se tient à Tagoust.

Une autre petite kouba très fréquentée se trouve entre les deux villages d'Oum Er Rekha et Tagoust; elle porte le nom d'Ali ou Yha.

L'altitude moyenne est de 800 mètres.

Le cours d'eau qui arrose le territoire est l'Oued Bouzina, affluent de l'Oued Abdi, qui prend sa source à Koudiat El Arar, près de la plaine de Nerdi.

Les terres de culture sont très rares, les quelques parcelles qui ne sont pas utilisées en jardins sont ensemencées en blé, orge ou maïs.

Le climat d'Oum Er Rekha et Tagoust est doux, la situation sanitaire est bonne.

L'industrie est nulle. Le commerce consiste dans la vente ou l'échange des produits du sol et du bétail qui ne comporte que des chèvres.

---

### Section de Bouzina

La section de Bouzina comprend une population de 949 âmes, qui habitent le village de Bouzina dont le nom lui vient de la source au-dessus de laquelle il est construit.

Les indigènes de cette fraction, sont d'origine

berbère ; ils se distinguent particulièrement par leur esprit d'indiscipline et par la grande dépravation de leurs mœurs.

Si la sécurité des personnes ne laisse rien à désirer, il n'en est pas de même des propriétés.

C'est avec le produit des nombreux vols qu'ils commettent, que les jeunes gens s'offrent les faveurs des nombreuses azrias du village.

Il n'existe à Bouzina, ni personnage, ni établissement religieux.

Les habitants ensemencent quelques charrues dans l'ancien « bour » de Nerdi. Les plantations des arbres fruitiers sont très importantes ; elles constituent à peu près les seules ressources de la section.

L'altitude varie de 800 à 900 mètres. Le seul cours d'eau important est celui formé par la source de Bouzina située au bas du village de ce nom ; son débit est considérable et ne tarit jamais. L'eau y est excellente et très légère.

Le climat un peu moins doux qu'à Oum Er Rekha et Tagoust, y est néanmoins très tempéré. C'est, d'après les indigènes, la limite de la zône des neiges.

L'état sanitaire laisse depuis quelque temps à désirer : on a signalé dernièrement de nombreux cas de variole.

Des mesures sont prises par l'Administration locale pour qu'il soit procédé à la vaccination en masse des indigènes.

**Section de Larbaâ**

Les habitants au nombre de 640, qui composent cette section, résident dans le village de Larbaâ ; ils sont très pauvres en général et ne possèdent que très peu de terres de culture et encore moins de jardins. Ils se nourrissent pour la plupart de farine de glands.

Les plantations consistent en quelques jardins insignifiants et de peu de rapport.

L'origine des indigènes de Larbaâ est peu connue ; leur type est très différent de celui des autres fractions de l'Oued Abdi. On prétend qu'ils viennent de la commune mixte de Kenchela où il existe, d'ailleurs, une fraction de ce nom.

Les gens de Larbaâ sont d'une constitution robuste, leur caractère est très doux, mais ils sont d'une intelligence très bornée.

On n'a rien à dire sous le rapport de la sécurité. L'altitude de Larbaâ varie entre 8 et 900 mètres.

Le seul cours d'eau existant est l'Oued Larbaâ qui se jette dant l'Oued Fedala. Aucune source ne mérite d'être signalée.

Le climat y est très rigoureux, et l'état sanitaire très satisfaisant.

Le commerce et l'industrie y sont nuls.

### Tribu des Oulad Daoud

La tribu des Oulad Daoud se compose de cinq sections dont les habitants, au nombre de 9.225, sont disséminés sur tout son territoire formé par une bande de terrain allant du Nord-Est au Sud-Ouest et d'une longueur de 70 kilomètres environ sur une largeur moyenne de 20 kilomètres.

Par suite du mélange de ces cinq fractions, il n'est pas possible de présenter une étude particulière de chacune d'elles.

Les principaux villages de la tribu sont, en commençant par le Sud-Ouest : Guelfen, Tazmalt, Oulad Daoud, Haddada, villages aujourd'hui à peu près abandonnés et qui passent pour être le berceau de la tribu avec Taghit M'Zidane, les villages précités sont les seuls qui ne soient pas situés dans la vallée de l'Oued El Abiod.

Les autres villages pricipaux sont : Tiranimine, Belhioud, Tabentout, Tagrourt, Amar, El Hamra, Saneuf, Nerkeb, El Beïda, Arris, El El Hammam, Oulad Moussa et, dans la vallée de l'Oued Bacha, principal affluent de l'Oued El Abiod, Hadjedj et Bacha ; enfin, dans la partie nord de la tribu, le village de Foum Toub.

Les Oulad Daoud ont la même origine berbère que les Oulad Abdi ; ils descendent du troisième fils de la seconde femme de Bourek ben Helal ben Ali, originaire de Sidi Okba.

Les indigènes de cette tribu, sont généralement

très laborieux. La prostitution, bien qu'y étant moins en honneur que dans l'Oued Abdi, y est pratiquée d'une façon bien marquée.

Les terres de culture des Oulad Daoud sont plus importantes que dans l'Oued Abdi ; elles se composent d'enclaves forestières et des terres de la vallée de l'Oued El Abiod. Les terres de Médina et de Foum Toub, provenant du séquestre et louées aux indigènes, sont d'excellente qualité.

Les jardins dans les Oulad Daoud, sont par contre, bien moindres que ceux situés dans l'Oued Abdi.

L'altitude varie de 800 à 1800 mètres.

Le climat, très rigoureux dans la partie nord, est beaucoup plus tempéré dans le sud.

La situation sanitaire est bonne.

Le seul personnage religieux de la tribu est le marabout Si Mohammed Saddok ben Tazeronalt, mokkadem de l'ordre des Rahmania, qui dirige la zaouïa d'El-Amra, près Arris. Ce personnage a une influence religieuse très grande, non seulement dans la commune, mais encore dans les Achèches, les Amamras et les Beni Oudjana. il n'a jamais passé pour nous être hostile.

---

## Création d'un Hôpital à Arris

Monsieur le Gouverneur général Cambon, très heureusement inspiré par sa grande expérience des mœurs des indigènes et guidé par des sentiments de haute philanthropie, a pensé que le plus sûr moyen de les attirer à nous, était la création d'hôpitaux au milieu d'eux.

En prodiguant des soins et des médicaments gratuits aux indigènes, en leur donnant des secours physiques, immédiats, palpables, en un mot en les guérissant, nous acquerrons de très grands titres à leur reconnaissance.

Alors, pleins de confiance en nous, ils fréquenteront d'eux-mêmes nos écoles et comprendront plus facilement les bienfaits de notre civilisation.

Pour atteindre ce but, monsieur le Gouverneur général s'est adressé aux pères missionnaires d'Afrique, (dits Pères blancs) dont le dévouement est bien connu, pour étudier la possibilité d'installer des hôpitaux en pays arabe.

Ces projets ont déjà en partie reçu leur exécution. Il existe dans la commune mixte du Djurjura, à Michelet, du département d'Alger, un de ces établissements destiné aux indigènes de cette région et à l'heure actuelle, il est très assidûment fréquenté.

En ce qui concerne Arris, le 20 avril de l'année dernière, le R. P. Duval auquel le Gouvernement général avait adjoint M. le docteur Raynaud (1) déjà avantageusement connu des indigènes de la

(1) M. le docteur Raynaud chargé antérieurement d'une mission médicale dans l'Aurès a publié une remaquable étude sur les maladies des indigènes de l'Aurès. Cet ouvrage a valu à son auteur une distinction honorifique de l'Académie de médecine.

contrée, se rendaient dans l'Aurès, à l'effet de choisir un emplacement propice pour l'hôpital projeté (1).

Après avoir visité l'Oued Abdi jusqu'à Menaà et remonté dans les Oulad Daoud, Arris a été reconnu le point le mieux situé à tous égards pour cette création.

En effet, Arris entouré d'un certain nombre de villages se trouve à peu près au centre de la commune mixte, l'eau, en abondance, y est excellente, l'air pur et le climat tempéré ont été autant de causes pour fixer le choix du R. P. Duval et du docteur Raynaud.

Depuis le 17 août 1893, les Pères blancs sous la direction du R. P. Duval, sont installés à Arris dans l'ancien bordj en attendant les constructions nécessaires pour le futur hôpital.

Cet établissement fonctionnera dans le genre de celui de Saint-Cyprien des Attafs qui, lors de la dernière disette dans la plaine du Chéliff, a recueilli plusieurs centaines d'indigènes se trouvant sans ressources et sans abri.

Déjà de nombreux habitants de la région ont eu recours aux soins des Pères Blancs à Arris, dont ils sont à même d'apprécier chaque jour la bonté et le dévouement.

Notre œuvre de civilisation bénéficiera gran-

---

(1) J'ai eu l'honneur et la grande satisfaction, en ma qualité d'administrateur-adjoint de la commune mixte de l'Aurès, d'accompagner ces messieurs dans leur mission.

dement de ces nouvelles créations dues à l'initiative de M. le Gouverneur général dont le nom illustre dans l'histoire de l'Algérie et de la Tunisie sera attaché à ces établissements appelés à rendre d'immenses services aux populations indigènes.

Lambèse, le 1er mai 1894.

JOSEPH ROLAND

*Administrateur-Adjoint de 1re classe.*

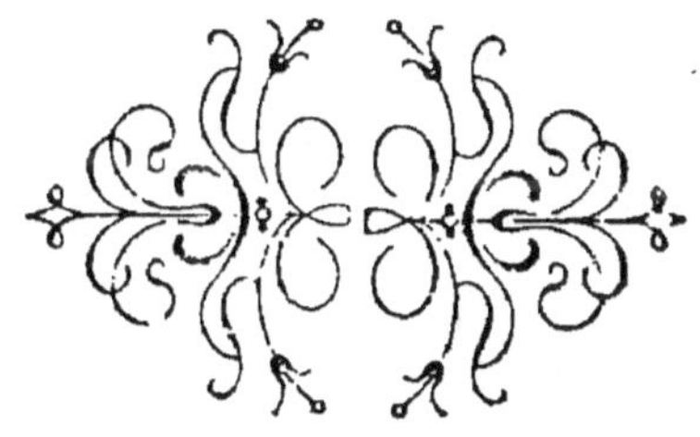

# TABLE DES MATIÈRES

## CHAPITRE PREMIER

### Observations générales sur la Commune



## CHAPITRE II

### Etude spéciale sur chaque Douar ou Section



Batna. — Imprimerie typographique A. Beun, rue de Sétif.

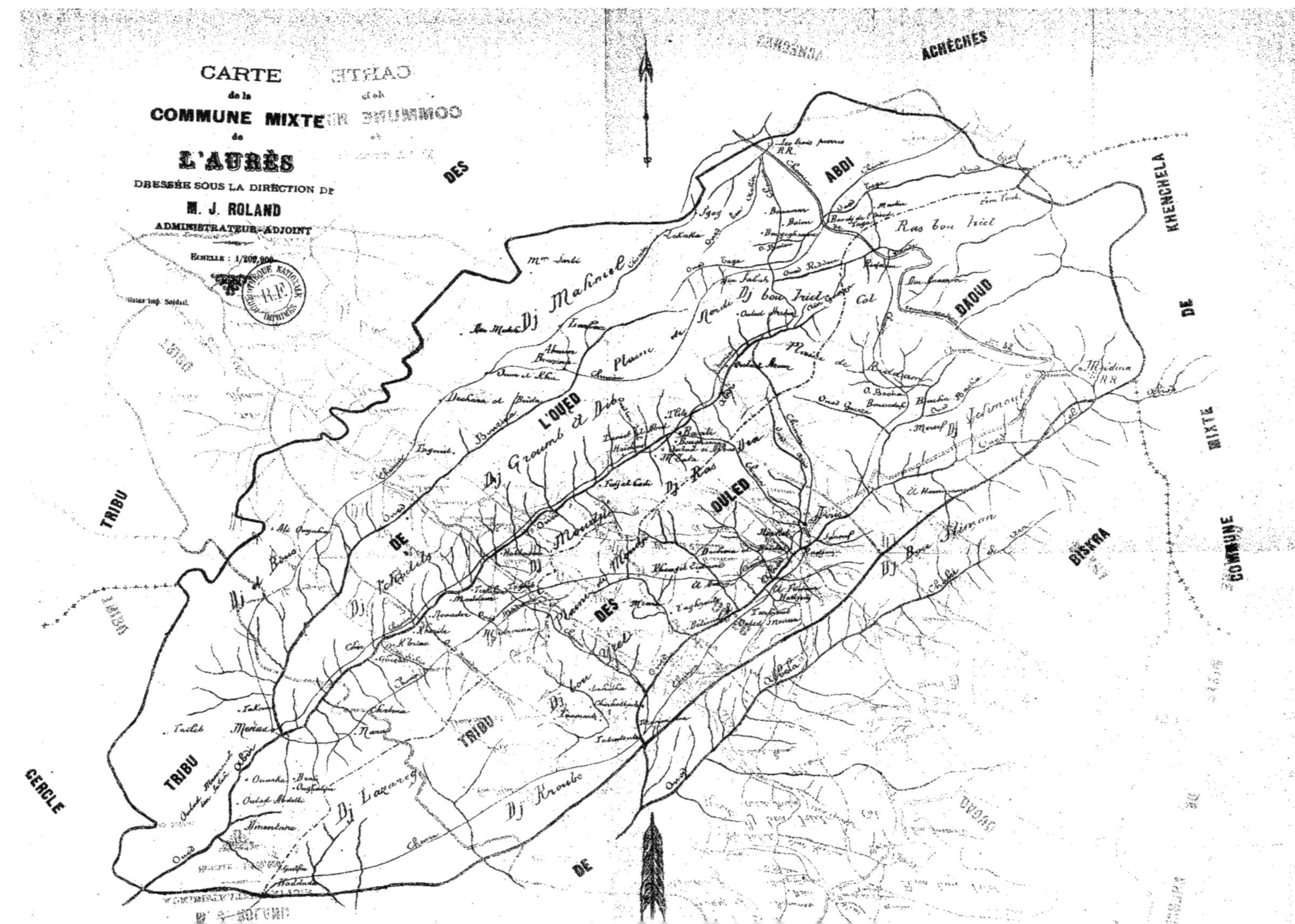
CARTE
de la
COMMUNE MIXTE
de
L'AURÈS
DRESSÉE SOUS LA DIRECTION DE
M. J. ROLAND
ADMINISTRATEUR-ADJOINT
ECHELLE : 1/200,000
TRIBU
DES
ACHÈCHES
ABDI
DAOUD
KHENCHELA
DE
MIXTE
COMMUNE
BISKRA
CERCLE
TRIBU
DE
L'OUED
DE
OULED
DES
TRIBU
Dj Mahmel
Ras bou Iriel
Dj bou Iriel
Dj Groumb el Dibo
Dj Ras
Dj Lazareg
Dj Kroube
Dj Bou Sliman

www.ingramcontent.com/pod-product-compliance
Lightning Source LLC
LaVergne TN
LVHW010043230826
846091LV00005B/1843
* 9 7 8 2 0 1 3 4 3 1 1 9 4 *